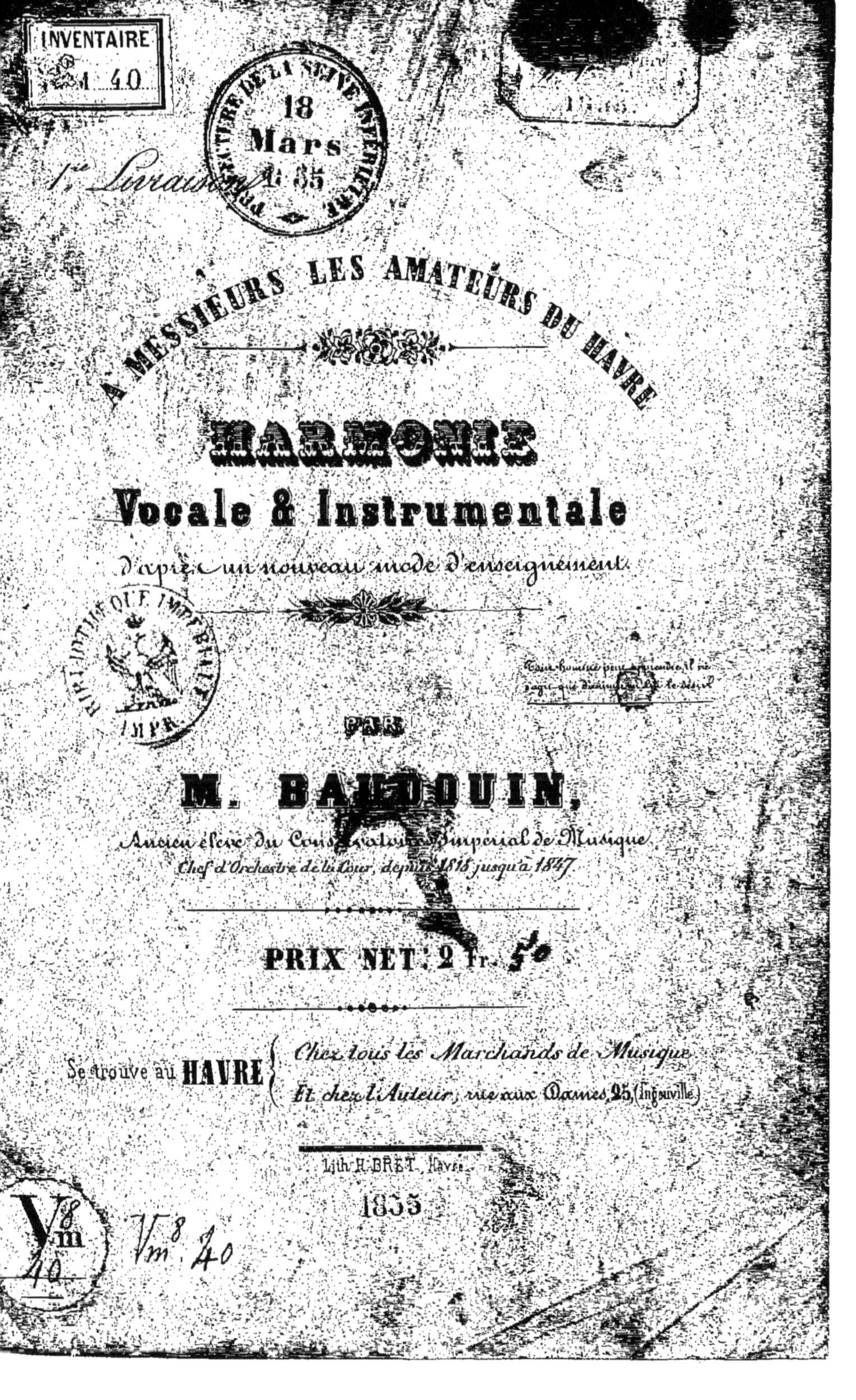

1re Livraison

A MESSIEURS LES AMATEURS DU HAVRE

HARMONIE
Vocale & Instrumentale
d'après un nouveau mode d'enseignement

PAR

M. BAUDOUIN,

Ancien élève du Conservatoire Impérial de Musique
Chef d'Orchestre de la Cour, depuis 1818 jusqu'à 1847

PRIX NET : 2 fr. 50

Se trouve au HAVRE { Chez tous les Marchands de Musique
Et chez l'Auteur, rue aux Dames, 25, (Ingouville)

Lith H. BRET, Havre.
1855

Préface.

Les premiers principes élémentaires de la musique vocale ou instrumentale, adoptés depuis longtemps pour servir à l'enseignement des élèves, ont dû paraître plus ou moins arides à ceux qui les apprennent; ce qui peut faire naître parmi un certain nombre d'amateurs, le désir de connaître les ressources puissantes que peut fournir l'application de mon nouveau mode d'enseignement que j'appelle **Harmonie Vocale**; et j'ai pensé que pour rendre ce petit ouvrage utile et agréable, il fallait prendre pour premier principe, l'ensemble des accords parfaits, majeurs et mineurs exécutés en notes brisées et plaquées dans leurs renversements, par le secours des groupes qui par leurs transformations, suivent le renversement des accords, c'est-à-dire, que les notes do, mi, sol, appartiennent au groupe N°. 1, et que mi, sol, do, appartiennent au groupe N° 2, et que sol, do, mi, appartiennent au groupe N°. 3, et vice versa, en conséquence par leur renversement, ces groupes et ces notes auront changé de nom et de position; on aura donc par cette opération les transpositions suivantes: le groupe N°. 1, remplace le N°. 2, et vice versâ, le groupe N°. 2, remplace le N°. 3, et vice versâ et le groupe N°. 3, remplace le N°. 1, et vice versâ.

J'ai également pensé que j'obtiendrai par ce moyen un bon résultat; 1°. à l'égard de l'intonation acquise par l'exercice de la tonalité, 2°, l'organisation musicale par l'emploi des accords de l'harmonie; ceux que j'ai choisis m'ont paru suffisants pour cette première livraison, je les ai donc adoptés, et j'ai employé le plus possible des exemples, des exercices et des leçons écrites dans un style rigoureux, tels que Canons fugués et morceaux d'ensemble.

J'ose assurer à Messieurs les élèves qui suivront mes cours que je rendrai autant que possible cette étude intéressante, ce qui doit inévitablement stimuler et faire naître en eux le désir d'apprendre. L'accord de 7e dominante ou première espèce comme l'appelle notre célèbre maître Antoine Reicha, cet accord joue un grand rôle dans la musique sous le système des modulations.

J'ai aussi pensé qu'il ne fallait pas employer trop de clefs et portées, car deux ou trois suffisent; généralement les clefs ne doivent pas être multipliées sans nécessité, selon le système Reicha.

Dans ma seconde livraison, je donnerai de plus grandes explications et exemples sur les accords dissonants desquels je viens de parler, tels que l'accord de quinte diminuée, l'accord de quinte augmentée et celui de la 7eme dominante, qui sont tous trois susceptibles d'être employés et résolus d'une manière exceptionnelle.

Messieurs les Élèves qui auront pris connaissance de cette seconde livraison, seront en état de suivre avec succès un cours spécial d'harmonie.

Nota: Tout exemplaire non revêtu de ma signature sera réputé contre-façon.

Autog. Hilbert

Table des Matières.

Nota: L'on connait les ouvrages classiques, tels que *Méthodes*, *Solfèges*, traités d'*Harmonie* & de haute *composition* de nos anciens grands maîtres, servant depuis quarante ans environ, à l'enseignement du Conservatoire, & dont les précieuses leçons ont dû inévitablement faire naître et développer chez leurs élèves le goût, la science et le génie.

C'est donc un devoir pour chacun de reproduire et mettre sous les yeux de tous, les préceptes et les exemples puisés à des sources aussi savantes que pures.

Ces remarquables élèves ont donc écrit en harmonie avec leurs dignes professeurs, c'est-à-dire selon les lois et dans les conditions que prescrit le style rigoureux attaché à un principe général.

Les membres de cette école doivent chaque jour reconnaissance, respect et vénération à leur célébrité artistique.

Les noms de ces grands maîtres sont: M. M. (le Doyen-Gossec) Chérubini, Lesueur, Méhul, Paër, Berton, Dourlen, Perne, Reicha, Boïeldieu, Nicolo, &a. &a.

Leurs Élèves sont: M. M. Halévy, Elwart, Collet, Mazas, Crémont, Barbereau, Habeneck, Vieuxtemps, Libon, Rode, Lafont, Auguste Kreutzer, Allart, Panseron, &a. &a.

Baudoin

Ancien Élève du Conservatoire Impérial de Musique et répétiteur de la classe de Rodolphe Kreutzer son maître.

Remarque: Ce petit ouvrage peut également prendre rang de Solfège, en faisant solfier ou vocaliser alternativement aux Élèves, la 2e, 3e & 4e parties, lesquelles, écrites dans le style rigoureux, deviennent tour-à-tour parties chantantes.

Il peut également être touché sur le Piano, en exécutant la seconde partie de la main droite et la 3e de la main gauche en chantant la 1re.

Principes de musique

Suivant le mode d'enseignement.

On appelle intervalle la distance qu'il y a d'une note à une autre. Il y en a de quatre sortes : le conjoint, le disjoint, le simple et le composé.

On nomme intervalles conjoints ceux dont les notes qui les forment se suivent immédiatement dans l'ordre de la gamme en montant ou en descendant.

Exemple :

do si la sol fa sol la si do ré mi fa mi ré do si la sol fa mi ré do

On nomme intervalles disjoints ceux dont les notes qui les forment ne se suivent point immédiatement et entre lesquelles on pourrait en placer une ou plusieurs autres.

Exemple :

do mi sol do mi sol mi do la fa ré sol sol si ré fa la mi do sol do si

Les intervalles simples sont ceux qui n'excèdent pas l'Octave, ils sont au nombre de sept savoir : de Seconde, de Tierce, de Quarte, de Quinte, de Sixte, de Septième et d'Octave.

Exemple :

2 3 4 5 6 7 Octave

do ré mi fa sol la si do ré mi fa sol la si do ré mi fa

Les intervalles composés ou redoublés sont ceux qui excèdent l'Octave, on les nomme composés ou redoublés parce qu'en effet ils ne sont autre chose que le redoublement des intervalles simples; ils sont par conséquent au même nombre, savoir, de 9e, 10e, 11e, 12e, 13e, 14e et de 15e.

Exemple.

De la Liaison.

La Liaison ou coulé est un trait courbé ⌒ ou ‿ qui lie plusieurs notes ensemble, et qui indique qu'il faut les faire d'un seul coup d'archet ou de gosier.

La Liaison sert aussi à former la Syncope. On entend par Syncope une note dont la valeur se partage également entre la partie faible d'un temps et la partie forte du temps suivant. Deux notes d'égale valeur et posées sur le même degré, l'une appartenant au temps faible et l'autre au temps fort de la mesure, forment aussi, au moyen de la Liaison, une syncope. On appelle Syncope brisée celle dont les deux notes qui la forment ne sont point d'égale valeur.

Exemple

Des signes de renforcement et d'affaiblissement.

Le signe de renforcement < signifie qu'il faut enfler le son de la note au dessus et au dessous duquel il se trouve placé.

Le signe d'affaiblissement > signifie au contraire qu'il faut le diminuer.

Lorsque ces deux signes se trouvent réunis <> ils signifient qu'il faut enfler puis diminuer le son.

Exemple

Du Dièze du Bémol et du Bécarre

Le Dièze # hausse d'un demi-ton l'intonation de la note qu'il précède.

Le Bémol ♭ baisse d'un demi-ton l'intonation de la note qu'il précède.

Le Bécarre ♮ remet la note qu'il précède dans son intonation naturelle.

Chaque note peut être altérée par un Dièze ou par un Bémol.

Le Dièze et le Bémol sont accidentels ou de position.

Les Dièzes et les Bémols accidentels sont ceux qui se rencontrent dans le courant d'un morceau qui n'ont d'effet que pour la mesure où ils se trouvent.

Principes de musique

Des notes et des Clefs.

Il y a sept notes dans la musique ou caractères représentatifs des sons, que l'on nomme en France Ut, Ré, Mi, Fa, Sol, La, Si, elles se posent sur cinq lignes que l'on nomme Portée.

Exemple :

Outre ces lignes que l'on nomme Portée, on en ajoute en dessus et en dessous autant que l'exige l'étendue de la voix ou de l'instrument ; on nomme ces lignes ajoutées, Lignes postiches, on devrait plutôt les nommer *Lignes additionnelles ou supplémentaires*.

Exemple :

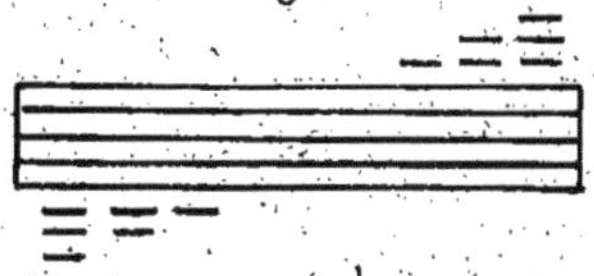

Il y a des Clefs qui sont : la Clef de Fa, la Clef d'Ut et la Clef de Sol ; la Clef de Fa se pose sur la 4me ligne, la Clef d'Ut se pose sur les 1re 2me 3me et 4me lignes ; la Clef de Sol se pose sur la 2me ligne, cette clef donne son nom à la note qui se trouve posée sur la même ligne qu'elle.

Exemple :

Clef de Fa sur la 4me L. — Clef d'Ut sur la 1re ligne, 2me ligne, 3me ligne, 4me ligne — Clef de Sol.

La valeur des notes et de leur figure.

Il y a sept espèces de notes que l'on nomme, Ronde, Blanche, Noire, Croche, Double croche, Triple croche et Quadruple croche, chacune de ces notes a une figure différente.

Exemple :

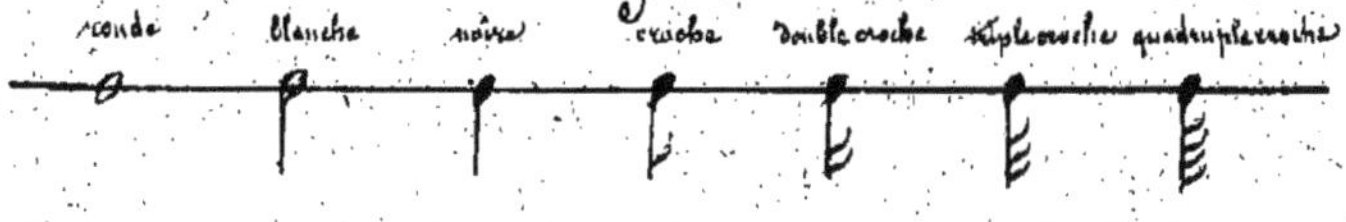

ronde — blanche — noire — croche — double croche — triple croche — quadruple croche

La ronde vaut deux Blanches, c'est à dire que sa durée doit être double de celle de la blanche, la Blanche vaut deux Noires, la Noire vaut deux Croches, la Croche vaut deux Doubles croche, la Double croche, vaut deux Triples croches, la Triple croche vaut deux Quadruples croche, ainsi on ne doit pas mettre plus de temps à exécuter soixante quatre Quadruples croche, ou trente deux Triples croche, ou seize Doubles croche, ou huit croches, ou quatre Noires, ou deux Blanches, que pour exécuter une Ronde.

Exemple :

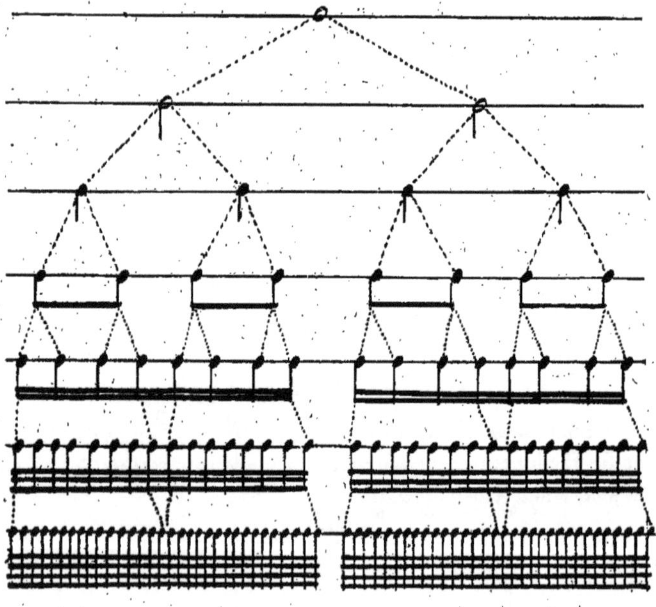

Des figures, des Silences et de leur valeur.

Chaque note a un Silence qui lui correspond pour la valeur, la Pause vaut une Ronde, ou une Mesure quelconque, la Demi pause vaut une Blanche, le Soupir vaut une Noire, le Demi soupir vaut une Croche, le Quart de soupir vaut une Double croche, le Demi quart de soupir vaut une Triple croche et le Seizième de soupir vaut une Quadruple croche.

Exemple :

Ronde. Blanche. Noire. Croche. Double croche. Triple croche. Qu. croche

Pause. Demi pause Soupir Demi soupir. Quart de soupir. D. q. de soupir Seiz. de soup.

Il y a aussi des signes qui valent deux ou quatre mesures, on les nomme Bâtons de deux ou de quatre pause.

Exemple :

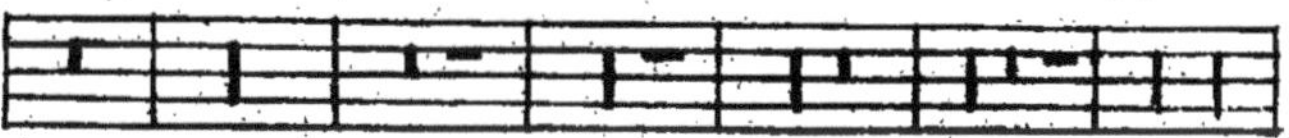

Le Point augmente toujours de moitié la valeur de la note qui le précède, de sorte que s'il est après une Ronde il augmente sa valeur d'une Blanche, s'il est après une Blanche il augmente sa valeur d'une Noire et ainsi de suite.

Exemple :

Le Point se place après le Soupir, le Demi-soupir, le Quart-de-Soupir et le Demi-quart de Soupir, de même qu'après ces notes, et augmente de moitié la valeur du Silence dont il est précédé; si après le premier, il s'en trouve un second, ce dernier vaut alors la moitié de la valeur du premier.

Exemple :

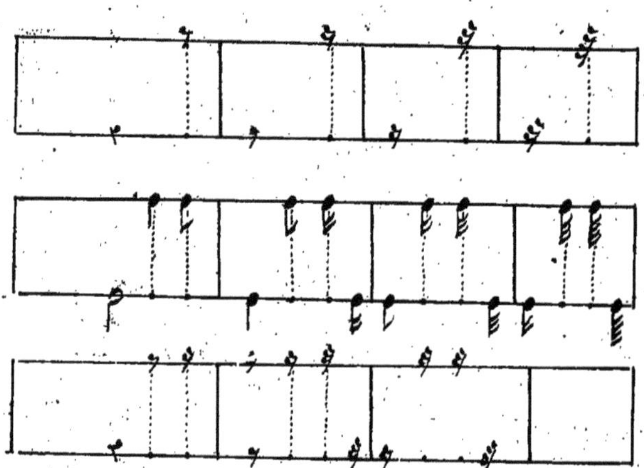

Quand il y a un 3 posé sur trois notes d'égale valeur, ou un 6 posé sur six notes aussi d'égale valeur, le 3 marque qu'il faut faire les trois pour la valeur de deux; et le 6 indique qu'il faut faire les six notes pour la valeur de quatre, c'est-à-dire, dans le même espace de temps et sans ralentir la mesure.

Exemple :

Classification des Notes en Groupes à 3 et 4 parties.

Exercices des Tonalités

L'on voit par le 1er Tableau que les notes do, mi, sol appartiennent au 1er groupe que mi, sol, do appartiennent au 2e groupe, et que sol, do, mi dépendent du 3e, et vice versa. En conséquence, par leurs renversements, les groupes et les notes auront changé de nom et de position ; on aura donc, par cette opération, les transpositions suivantes : le groupe No 1 remplacera le No 2, et vice versa ; le No 2 remplacera le No 3, et vice versa ; le No 3 le groupe No 1, et vice versa.

Exercice de tonalités et d'ensemble

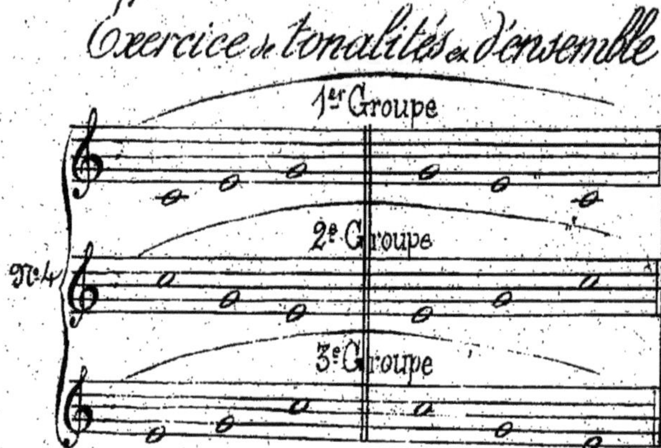

Exercice à 4 parties

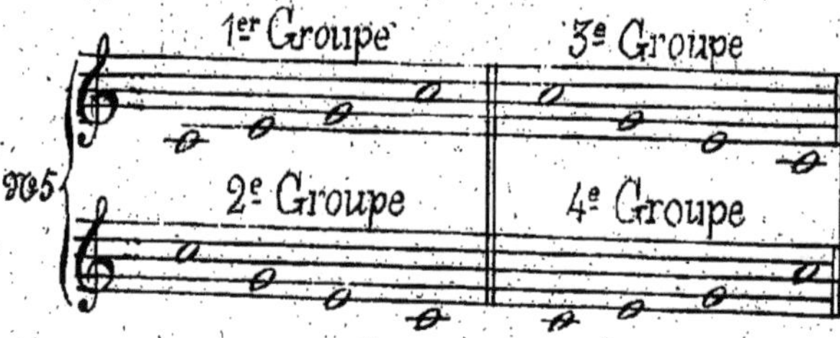

Des accords parfaits

Tous les accords en général se composent de plusieurs intervalles majeurs ou mineurs. Sans l'accord parfait employé fréquemment, et qui, par sa grande puissance, y joue un si grand rôle, l'harmonie serait tout-à-fait insignifiante et ne produirait que des résolutions à effet très-bizarre.

Exercice d'ensemble sur l'accord parfait

écrit d'une manière étrange.

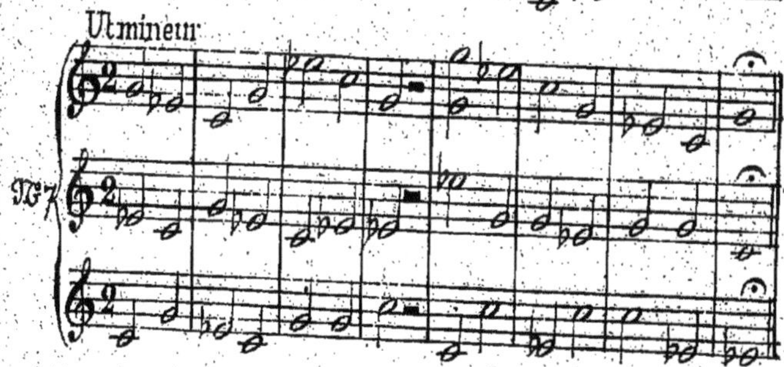

L'accord parfait majeur se compose, 1°: de la tonique *do* de la tierce *mi*, de la quinte *sol*, et de l'octave. L'accord parfait mineur se forme de la tonique *do*, de la tierce mineure *mi ♭*, de la quinte *sol*, et de l'octave. Cet accord se renverse et quoiqu'en apparence, il ne présente pas de difficultés, les harmonistes et les compositeurs se défient à chaque instant des marches d'accords parfaits. Cet accord, au dire de nos grands maîtres, est assez difficile à bien traiter, et peut, même bien traité, ne produire que de frêles idées.

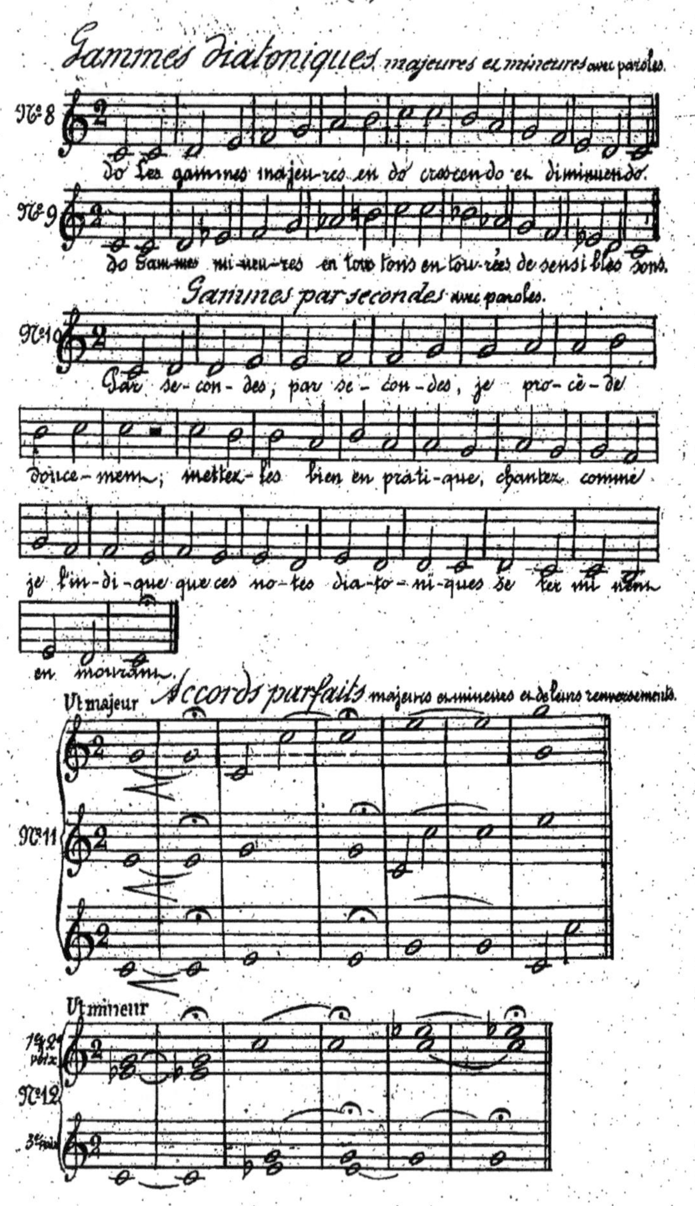
Gammes diatoniques majeures et mineures avec paroles.
N° 8
do Les gammes majeu-res en do crescendo et diminuendo.
N° 9
do Gam-mes mi-neu-res en tous tons en tou-rées de sensi bles sons.
Gammes par secondes avec paroles.
N° 10
Par se-con-des, par se-con-des, je pro-cè-de
douce-ment; mettez-les bien en prati-que, chantez comme
je l'in-di-que que ces no-tes dia-to-ni-ques se ter mi nent
en mourant.
Accords parfaits majeurs et mineurs et de leurs renversements.
Ut majeur
N° 11
Ut mineur
1e 2e voix
N° 12
3e voix

1er Renversement de l'accord parfait

Le premier renversement *mi, sol, do* provenant de l'accord *do mi sol* (en général l'octave est supprimée pour plus de clarté). Son premier renversement se compose de la tierce *mi*. J'ai indiqué par le signe × le 1er renversemt. de l'accord parfait *mi sol do*.

Accords parfaits maj. et min. à 4 parties.

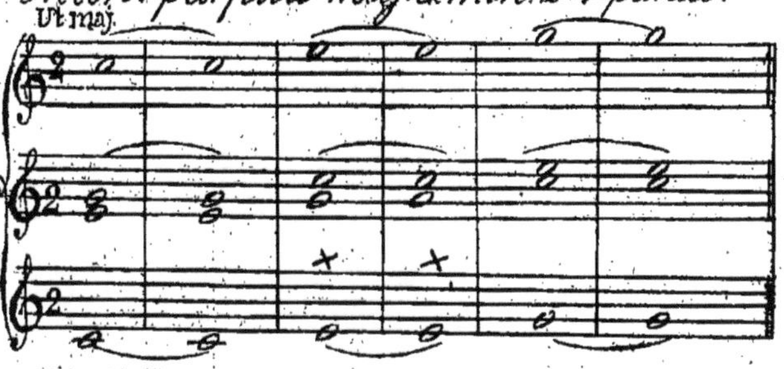

Ut maj.

N° 13.

Ut min.

N° 14.

Accords plaqués majeurs et mineurs

N° 15.

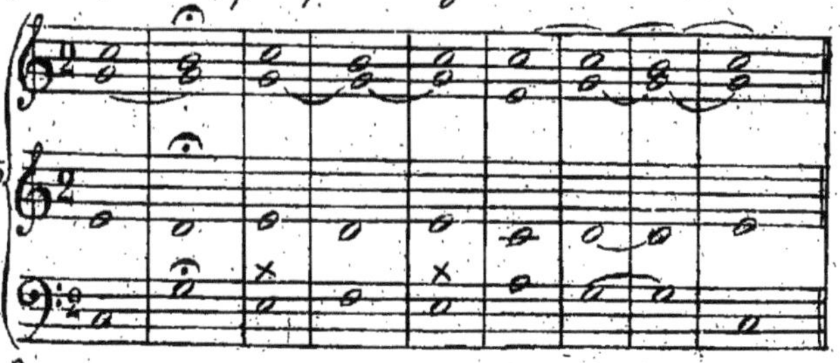

Cet accord est dans son premier renversement quand la tierce est à la basse; son changement de figure ou position peut le faire reconnaître quand il se fait entendre. Ce premier renversement est agréable à l'oreille, quand il est bien placé.

2e Renversement de l'accord parfait

Le second renversement se compose de sol, do, mi, provenant également de do, mi, sol, (pour être plus clair je supprime l'octave) et se forme de quarte et sixte : sol, do, mi, il a aussi ses conditions et propriétés et contient une dangereuse quarte juste sol, do laquelle ne peut être frappée sans préparation. Cet accord ne ressemble nullement aux deux précédents et est facile à reconnaître par l'accord de quarte et celui de sixte qui lui prêtent continuellement leur concours pour la terminaison des phrases ; il ne peut servir à commencer un morceau, attendu qu'il doit être préparé et résolu ; dans quelques cas exceptionnels on peut cependant s'en dispenser.

On ne devra pas chanter cette dernière leçon en accords plaqués, attendu que l'harmonie en est peu liée et moins agréable que la leçon suivante.

N.-B. Le second renversement est indiqué par le signe ×, comme précédemment.

Des cinq tons relatifs de la gamme

A la mémoire d'Antoine Reicha & Rodolphe Kreutzer.

Si l'on chante les paroles le mouvement sera doublé

Deux parties peuvent être vocalisées

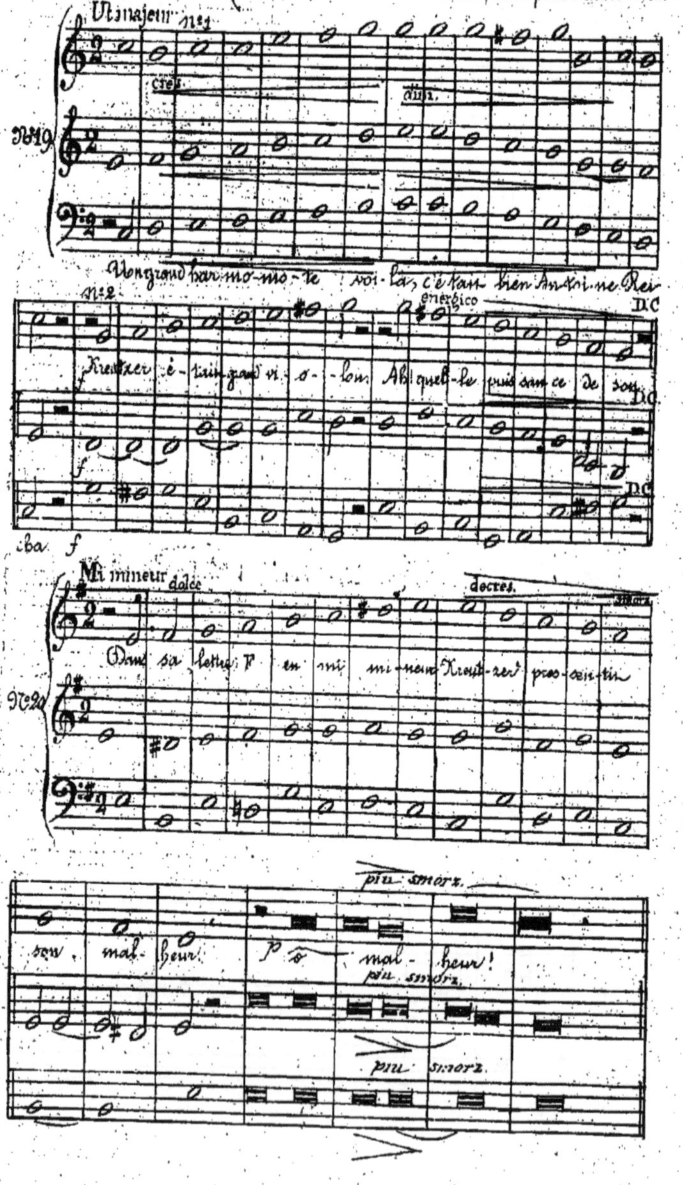

Ut majeur N°1

N°19

crès. dim.

Un grand har-mo-nis-te voi-là, c'é-tait bien An-toi-ne Rei-cha

N°2 énergico D.C.

Kreutzer é-tait grand vi-o-lon. Ah! quel-le puis-san-ce de son D.C.

f D.C.

Mi mineur dolce decres. smorz

N°20

Dans sa lettre F en mi mi-neur Kreut-zer pres-sen-tit

più smorz.

son mal-heur p ô mal-heur!

più smorz.

più smorz.

La mineur
amabile grazioso
N° 21
Le la mi- neur, 3 ton char-mant, que
les da- mes chan- - tent sou- - vent.
Fa majeur
fieramente
N° 22
Un ton bril- lant ce- lui de fa
pour- vait bien plaire à Ca- raf- fa.

Ré mineur
N° 23
En ré mi - neur que j'aime aus - si, le
beau con - cer - to de Viot - - ti.
Final dans le ton primitif
Allegro moderé
Fieramente
N° 24
f
Pri - - sen dans le ton
pri - mi - tif, ter - mi - nons

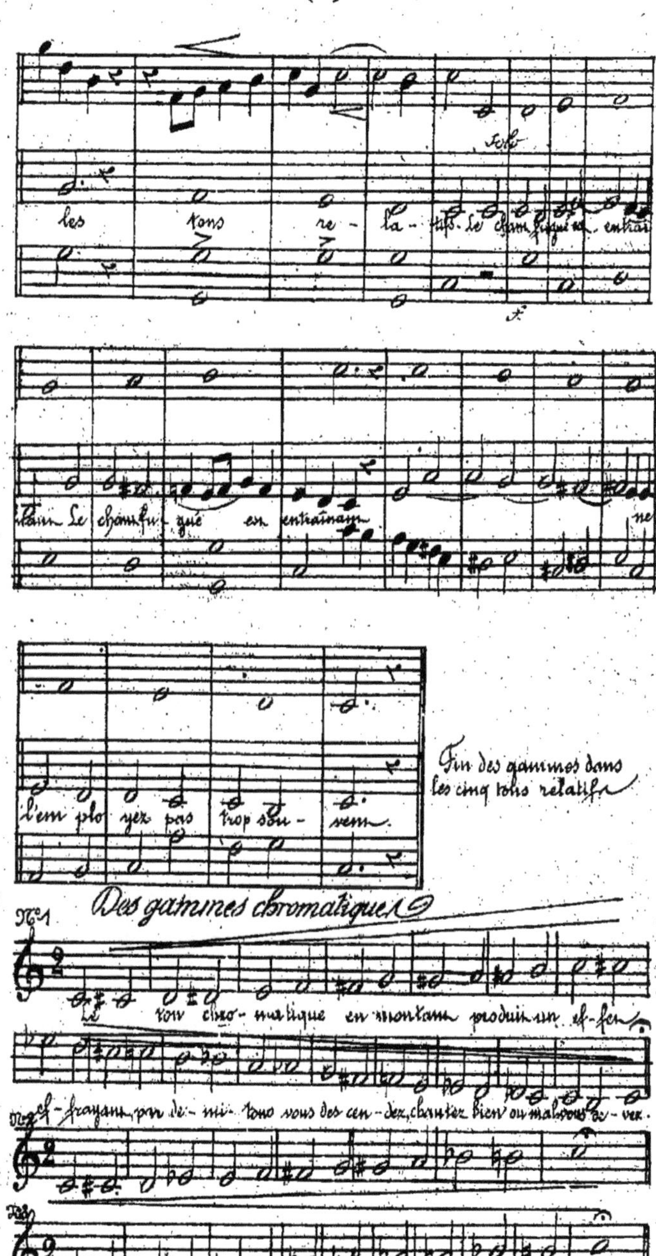
Solo
les tons re - la - tifs. Le chant fugué en - entraî
nant Le chant fu - gué en entraînant ne
l'em plo yez pas trop sou - vent.
Fin des gammes dans les cinq tons relatifs
Des gammes chromatiques
N°1
Le ton chro - matique en montant produit un ef - fet
ef - frayant, par de - mi - tons vous des cen - dez, chantez bien ou mal vous de - vez.
N°2
N°3

De l'accord diminué

Le premier accord dissonant que l'on nomme accord diminué se compose 1° d'une tierce mineure, 2° d'une quinte diminuée qui en est la dissonance. Quoique dissonant, cet accord est très-doux.

Exemple

3ce min.
5te diminuée

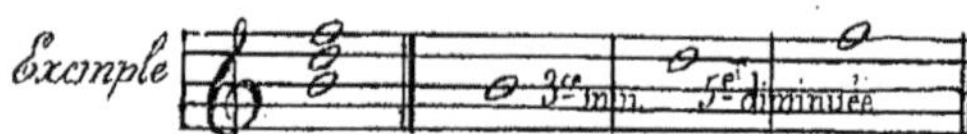

C'est pour indiquer ces intervalles que les harmonistes le chiffrent avec un 3 et un 5 barré (5̸). Cet accord, qui appartient principalement au mode mineur, se pose sur le 2e dégré d'une gamme mineure dans laquelle il occupe une place assez importante ; aussi arrive-t-il souvent que dans un morceau de musique le nombre des accords dissonants surpasse de beaucoup les consonnants sans paraître dur à l'oreille.

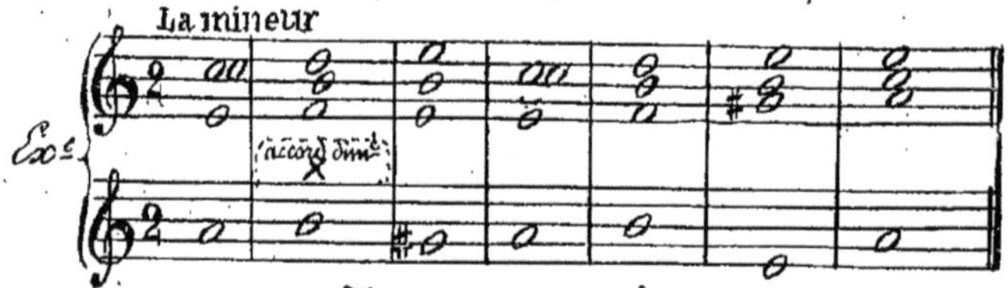

La mineur
Ex.e
accord dim.e

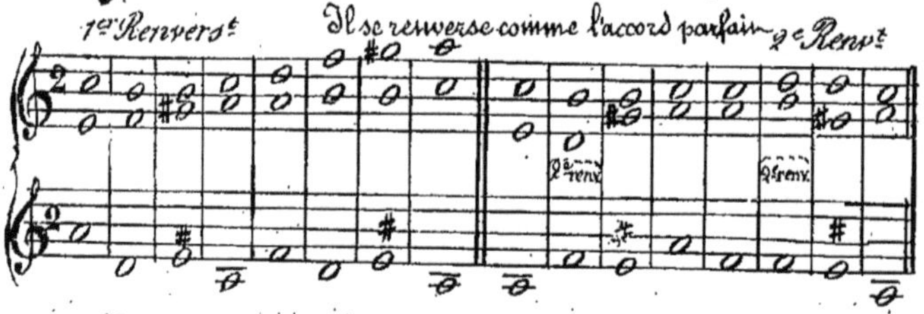

1er Renverst
Il se renverse comme l'accord parfait
2e Renvt
2e renv.
2e renv.

Nota : Le # placé audessous de la basse indique la tierce majeure Sol # note sensible du ton La mineur.

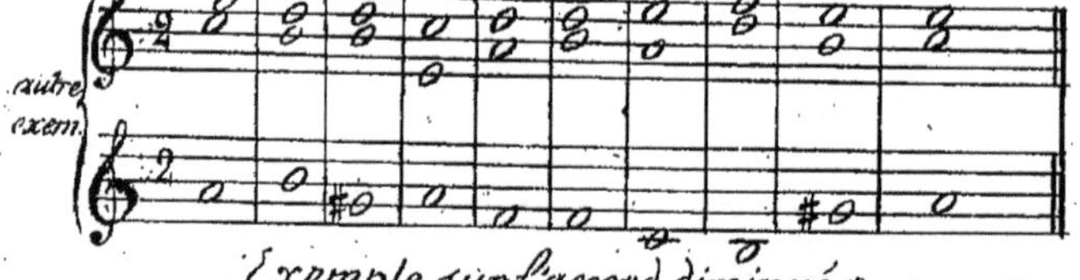

autre exem.

Exemple sur l'accord diminué Marqué par une X

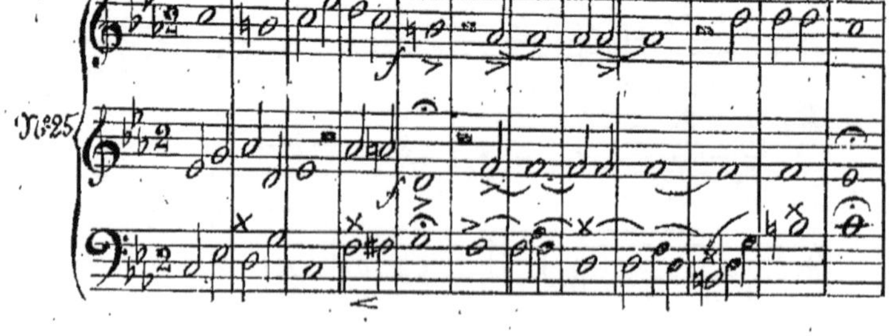

N.o 25

De l'accord de septième dominante ou 1ère espèce.

Cet accord considéré le plus doux des accords dissonnants l'est cependant moins que l'accord diminué qui se place avant. J'ai déjà parlé de sa toute-puissance, car le rôle qu'il joue est un des plus importants de la musique; c'est de décider un ton d'une manière positive. Il peut être frappé sans préparation.

Ses renversements suivent les principes établis dans les accords précédents. Toutefois la septième fa, quatrième note de cet accord a sa résolution exceptionnelle; elle doit toujours descendre d'un degré. Cet accord n'est autre que l'accord parfait auquel on ajoute la 7e; la tierce si monte à l'ut; sa quinte ré monte ou descend; la septième fa descend d'un degré, et la note principale sol fondamentale descend d'une quinte ou monte d'une quarte lorsqu'elle est dans la basse. Cette note sol se trouve placée quelquefois dans une partie haute; dans la position qu'elle occupe alors elle doit rester sur le même degré et devient note commune aux deux accords.

1er Renverst — 2e Renverst — 3e Renv. — 2e Renv.

Note commune

Le ré montant ou descendant ad libitum

Dans l'harmonie à 3 parties, le fa peut monter, mais il faut supprimer la fondamle sol

sans la fondle — sans la fondle

Autre exemple des 3 renvts de l'accord de septe domte par enchaînemt

Leçon sur la 7ᵉ Dominante.

De l'accord de quinte augmentée

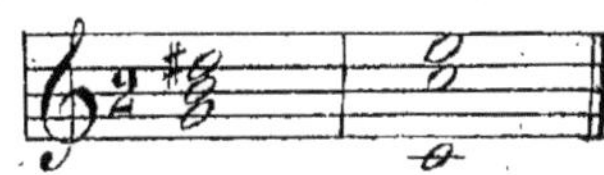

Cet accord est celui de *sol, si, ré*, accord parfait de *sol*, auquel l'on ajoute un dièze à la quinte *ré*; ce qui l'augmente et le fait qualifier de quinte augmentée. Il ne s'emploie que dans un ton majeur entièrement déterminé, et peut, comme la 7ème dominante, se frapper sans préparation; mais il est bien plus expressif lorsqu'il se trouve précédé de l'accord parfait.

Ut majeur

Exemp.

Sol maj.

autre exemp.

Ré maj.

autre exemple

Ses renversements suivent les mêmes principes.

Dans la seconde livraison, il sera parlé de la septième dominante ajoutée à l'accord de quinte augmentée qui le rend plus doux. En général tous les accords seront traités.

Leçon sur l'accord de quinte augmentée
N°27 Cantabile
Doux accord, sois partout l'accent du meilleur goût Tu charmes mon âme Toujours tu l'enflammes
Bonheur Bonheur Bon - heur Doux accord
comprends Bon-heur Bonheur Bon - heur Doux accord
enchanteur, ô toi mon seul bon - heur ô doux accord sensi - ble que ma pensée pé-nible ef-
enchanteur mon seul bonheur ô doux accord sensible que ma pensée pénible ef-
face de mon cœur mon chagrin ma douleur, espérance et bonheur ra - mè - ne le bonheur.

Clavier vocal d'une octave

Gammes diatoniques par intervalles

exécutés par groupes ascendants et descendants de chacune huit voix.

Faire chanter d'abord à deux parties, ensuite par les quatre groupes.

Gamme maj. en tierces

3 4 5 6 7 8 9 10 10 9 8 7 6 5 4 3

1 2 3 4 5 6 7 8 8 7 6 5 4 3 2 1

autre

10 9 8 7 6 5 4 3 3 4 5 6 7 8 9 10

8 7 6 5 4 3 2 1 1 2 3 4 5 6 7 8

Les chiffres placés au dessus et au dessous des notes indiquent le degré et l'intervalle formé par leur marche diatonique. L'on donnera à chaque voix le numéro ou le nom de la note qui lui appartiendra. Après avoir pratiqué cet exercice, les groupes pourront facilement, en leur désignant leur note ou leur chiffre, exécuter ; 1º, à l'unisson en notes diverses ; 2º à deux parties ; 3º, à trois parties, 4º, à quatre parties. Sur des exercices mélodiques, ce travail sera celui de l'organisation musicale, puisqu'il peut être pratiqué dans tous les tons majeurs et mineurs et appliqué également aux accords et leçons d'harmonie vocale que le professeur donnera à ses élèves.

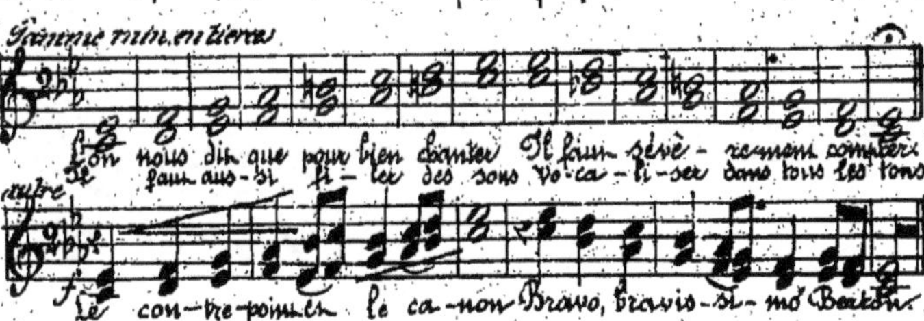

Canon à 2 parties

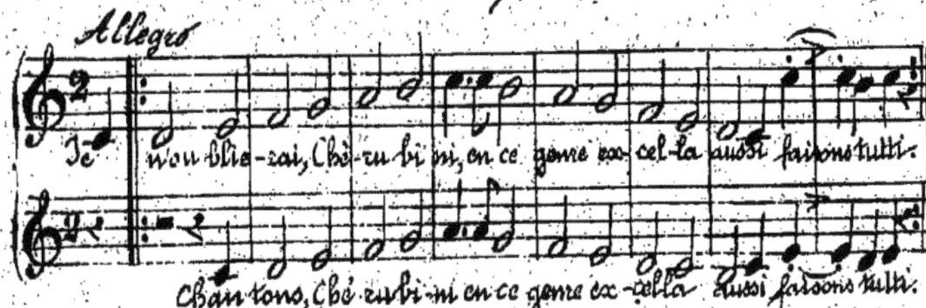

Nouvelles gammes-fantaisies

Sur les intervalles de tierce, quarte, quinte, sixte, septième, octave & neuvième à 2 parties.

Sixte
Septième

Octave
Neuvième
cres.

Clavier vocal d'une octave

Gammes diatoniques par intervalles

exécutés par groupes ascendants et descendants de chacun huit voix.
Faire chanter d'abord à deux parties, ensuite par les quatre groupes.

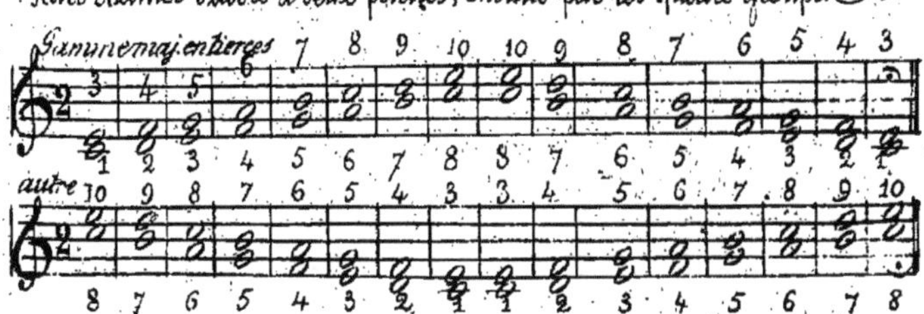

Les chiffres placés au dessus et au dessous des notes indiquent le degré et l'intervalle formé par leur marche diatonique. L'on donnera à chaque voix le Numero ou le nom de la note qui lui appartiendra. Après avoir pratiqué cet exercice, les groupes pourront facilement, en leur désignant leur note ou leur chiffre, exécuter; 1°, à l'unisson en notes diverses; 2°. à deux parties; 3°. à trois parties, 4°, à quatre parties. Sur des exercices mélodiques ce travail sera celui de l'organisation musicale, puisqu'il peut être pratiqué dans tous les tons majeurs et mineurs et appliqué également aux accords et leçons d'harmonie vocale que le professeur donnera à ses élèves.

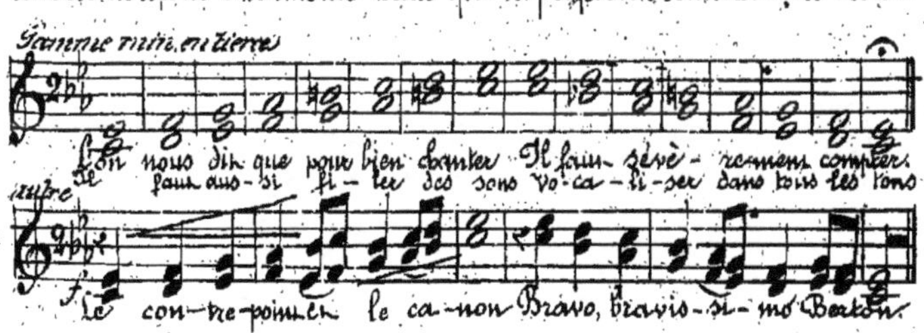

Canon à 2 parties

Allegro

Je n'ou blie-rai, Ché-ru bi ni, en ce genre ex- cel-la aussi faisons tutti.

Chan tons, Ché-ru-bi-ni en ce genre ex-cella aussi faisons tutti.

Nouvelles gammes-fantaisies

Sur les intervalles de tierce, quarte, quinte, sixte, septième, octave & neuvième à 2 parties.

Sixte
Septième

Octave
Neuvième
cres.
f

Chœur d'ouverture

Canon à 3 voix

Introd^on Chant de triomphe - Canon à 3 voix
Alle vivace
Ce ton est ce - lui du ré - veil
Ce ton est ce - lui du ré - veil
Ce ton est ce - lui du ré - veil
Dès qu'on l'en - tend plus de som - meil plus de som - meil
Dès qu'on l'en - tend plus de som - meil plus de sommeil
Dès qu'on l'en - tend plus de sommeil plus de som - meil.
Enchaîner
Choeur Alle vivace
Chan - tons vic - toi - re chan - tons le Sei - gneur
cé - lé brons cé - lébrons la gloire la gloi - re de
Chan - tons vic - toi - re chan - tons

das vainqueur gloire au Sei-gneur cé-lé - brons à ja - mais
le Sei - gneur cé - lé - brons cé lé brons la gloire
Chan - tons vic - toire
son nom sa gloire en ses bienfaits
la gloi - re de Lbut za vainqueur
Chan - tons le Sei-gneur
plus vif
Coda
Chantons vic
Coda
Chantons vic
Coda
Chantons vic-
toire chantons vic - toire chantons vic - toi-re chantons le Seigneur Cé-lé-
toi - re chantons vic toi re chantons vic toi - re chantons le Seigneur Cé - lé -
toi-re chantons vic - toi re chantons vic - toi - re chantons le Seigneur cé lébrons cé-lé brons la gloi-re la gloire de Lbut-za vain-queur
brons cé lé brons la gloire la gloire de Lbut za vain-queur
brons cé lé brons la gloire la gloi re de Lbut-za vain-queur
V. T. S. B.

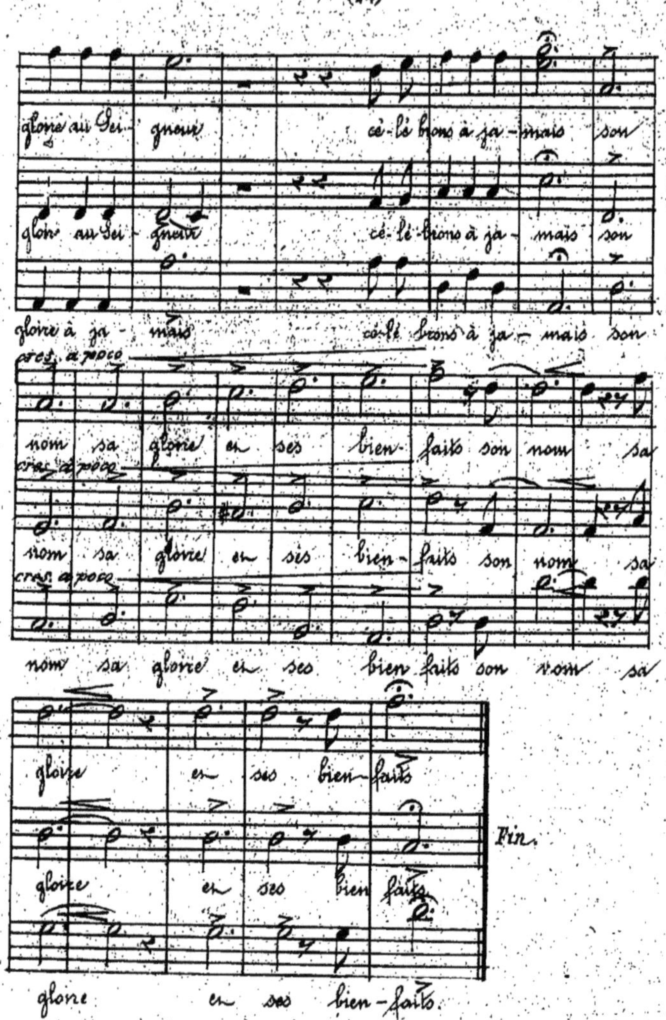
gloire au Sei - gneur cé-lé-brons à ja - mais son
gloire au Sei - gneur cé-lé-brons à ja - mais son
gloire à ja - mais cé-lé-brons à ja - mais son
cres. a poco
nom sa gloire en ses bien-faits son nom sa
cres. a poco
nom sa gloire en ses bien-faits son nom sa
cres. a poco
nom sa gloire en ses bien-faits son nom sa
gloire en ses bien-faits
gloire en ses bien-faits
gloire en ses bien-faits.
Fin.

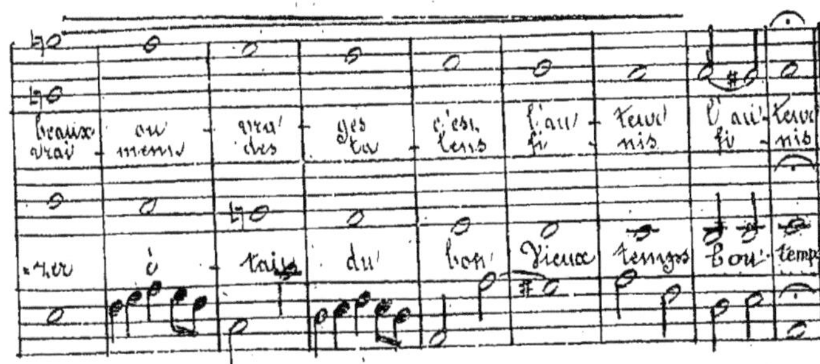

c'est bien ça,

Le su cre de co ra c'est bien ça, c'est bien ça

Le su cre de co ra c'est bien ça, c'est bien ça.

Canon à deux voix.

Canon final à 3 voix.

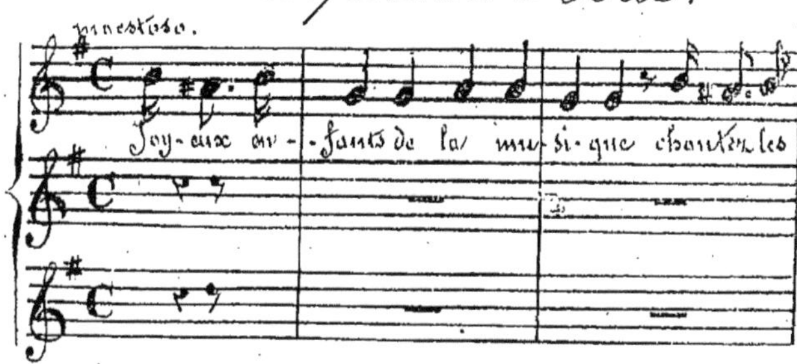

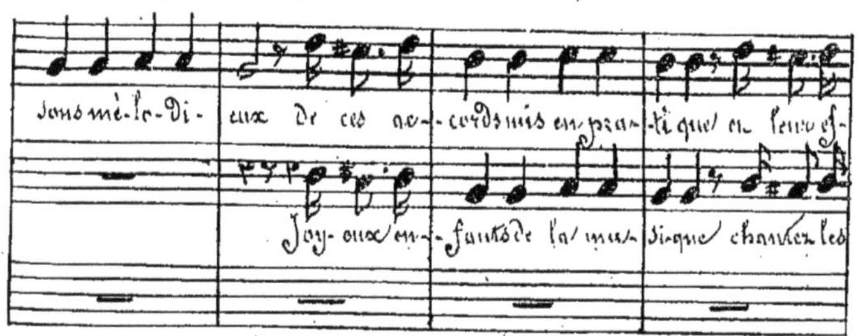

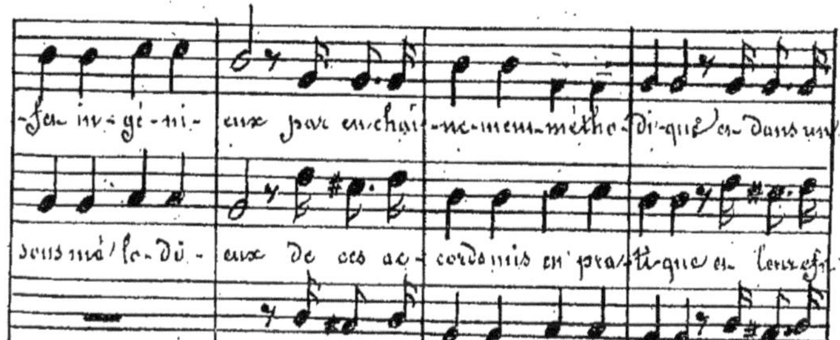

-fants de la mu- si-que chanter les sons mé-lo-di- eux de ces ac-
Joy-eux en-
cords mis en pra- ti-que en leur ef- -fet in-gé-ni- eux paren-chaî-
fants de la mu- si-que chanter les sons mé-lo-di- eux de ces ac-
Joy-eux en-
ne-ment mélo- di-que ou dans un sigle har-moni-eux. Joy-eux en-
cords mis en pra- ti que en leur ef- fet in-gé-ni- eux.
fants de la mu si que chanter ces sons mé-lo-di- eux.
eux c'est un plaisir des Dieux c'est un plai- sir des Dieux.
eux c'est un plaisir des Dieux c'est un plai- sir des Dieux.
eux c'est un plaisir des Dieux c'est un plai- sir des Dieux.
Fin.

41

www.ingramcontent.com/pod-product-compliance
Ingram Content Group UK Ltd.
Pitfield, Milton Keynes, MK11 3LW, UK
UKHW021033180726
13838UKWH00004B/1774